¿Qué hace Super Jonny cuando su mamá se enferma?

Versión en español
Apto para edades de
3 a 9 años

Escrito por Simone Colwill
Ilustrado por Jasmine Ting

"Es una historia maravillosa..." *"Es un libro indispensable para padres y profesores..."*
- Booksellers New Zealand

"Estoy deseando compartir este libro con niños y profesores".
- Catedrático en Educación Infantil. Universidad de Auckland, Nueva Zelanda.

"Un libro escrito por una mamá de Auckland que intenta ayudar a los niños con padres hospitalizados".
- Revista NZ Doctor Magazine

Dedicatoria
Simone: *A mi maravillosa familia, Nick, Lauren, David, Emma-Grace y Jonathan x*
Jasmine: *A mis padres, a mi hermana Jess, y a mis amigos que siempre me apoyan.*

Para obtener más copias de este libro, sugerencias para madres que sufran enfermedades crónicas, y para unirse a nuestra comunidad, visite nuestra página web: www.sickmom.org

Para educadores (vea las notas en la página 32). Aprobado por profesores que lo consideran apto para edades de 3 a 9 años* *por su contenido.

América del Norte: Está vinculado al programa del currículo principal: resolución de problemas, persistencia, empatía, ayuda al prójimo.

Reino Unido: Currículo nacional en Inglaterra: educación ética y ciudadana, personal, social, de salud y economía. (PSHE).

Nueva Zelanda: Competencias clave del currículo de educación infantil Te Whāriki: resolución de problemas, persistencia, empatía, ayuda al prójimo.

¡Síganos en twitter! @Asickmom

Copyright

ISBN 978-0-9941297-2-7

Also available as an eBook
ISBN 978-0-9941297-3-4

Registrado en la oficina de derechos de autor de los Estados Unidos
Publicado por Books for Caring Kids
Primera edición 2016 (Español)
El texto y las imágenes son copyright de Simone Colwill (2014)

Otros títulos de la misma autora

U.S English version	U.K English version
with links to the common core.	*with links to the early childhood curriculum.*
Recommended by teachers and doctors	Recommended by teachers and doctors
Paperback ISBN 978-0-9941127-0-5	Paperback ISBN 978-0-9941127-2-9
2nd edition ISBN 978-0-9941297-8-9	2nd edition ISBN 978-0-9941297-9-6
eBook ISBN 978-0-9941297-0-3	eBook ISBN 978-0-9941297-1-0
Kindle ISBN 978-0-9941127-7-4	Kindle ISBN 978-0-9941127-1-2

Reservados todos los derechos. No se permite reproducir, copiar, escanear, grabar, almacenar en sistemas de recuperación de la información ni transmitir ninguna parte de este libro, cualquiera que sea el medio empleado, sin el previo permiso por escrito de la editorial; a excepción de los críticos, a los cuales se les permite citar breves pasajes en su crítica.

Me llamo Jonatan. Este es Oso, mi compañero inseparable. ¡Somos superhéroes!

En realidad, hemos sido superhéroes...

...desde siempre.

Nosotros los superhéroes vestimos ropa chula,

llevamos aparatos chulos,

¿Qué pasa? ¿Mamá está enferma?

Vamos Oso,
¡tenemos una nueva misión!

¡Los superhéroes podemos hacer cualquier cosa!

"¿Cómo puedo ayudar?"

"Yo puedo ayudar", dice el doctor. "Voy a averiguar qué es lo que le pasa a tu mamá".

"¡Tengo justo lo que necesita!" le digo, dándole mi lupa.

"¡Con esto podemos encontrar cualquier cosa!"

"Yo puedo ayudar", dice la radióbrafa. "Usaré la máquina de rayos X para ver el interior del cuerpo de tu mamá".

"¡Estos sirven!" le digo, dándole mis binoculares de visión nocturna.

"¡Con ellos podemos ver cualquier cosa!"

"Yo puedo ayudar", dice el ayudante de laboratorio levantando la vista de su microscopio. "Atraparé cualquier microbio".

"Esto le ayudará", le digo, dándole mi frasco atrapa bichos y mi tarro para especímenes.

"Podemos atrapar cualquier cosa!"

"Yo puedo ayudar", dice la nutricionista. "Le daré a tu mamá comida buena para que se ponga fuerte".

"Estas son deliciosas!" le digo, dándole mis barritas energéticas de cereales Choccy Bugs.

"¡A mamá le encantan! Es lo que más le gusta".

"Yo puedo ayudar", dice la enfermera. "Le cambiaré el vendaje para que no le entre ningún microbio".

"¡Estas son estupendas!" le digo, dándole mis tiritas anti-bichos.

"¡Mamá estará más segura que nunca!"

"Yo puedo ayudar", dice la señora de la limpieza, "Mantendré limpia la sala".

"¡Esto la ayudará!" le digo dándole mi repelente de bichos.

"¡Olerá más limpia que nunca!"

He intentado ayudar, pero nadie me escucha.
¿Por qué nadie me deja ayudar a mamá?

¿Debería tal vez hacer algo diferente?

¿Debería ayudarla a escaparse?

¿Debería rodearla con una pantalla protectora invisible?

¿O colocar cohetes en el ascensor?

¿O ponerle un turbomotor a la cama?

"¡Pero Super Jonny! Si tú estás ayudando", me dice mamá.

"¿Cómo?"

"Le di al doctor tu lupa porque se le rompieron los anteojos.

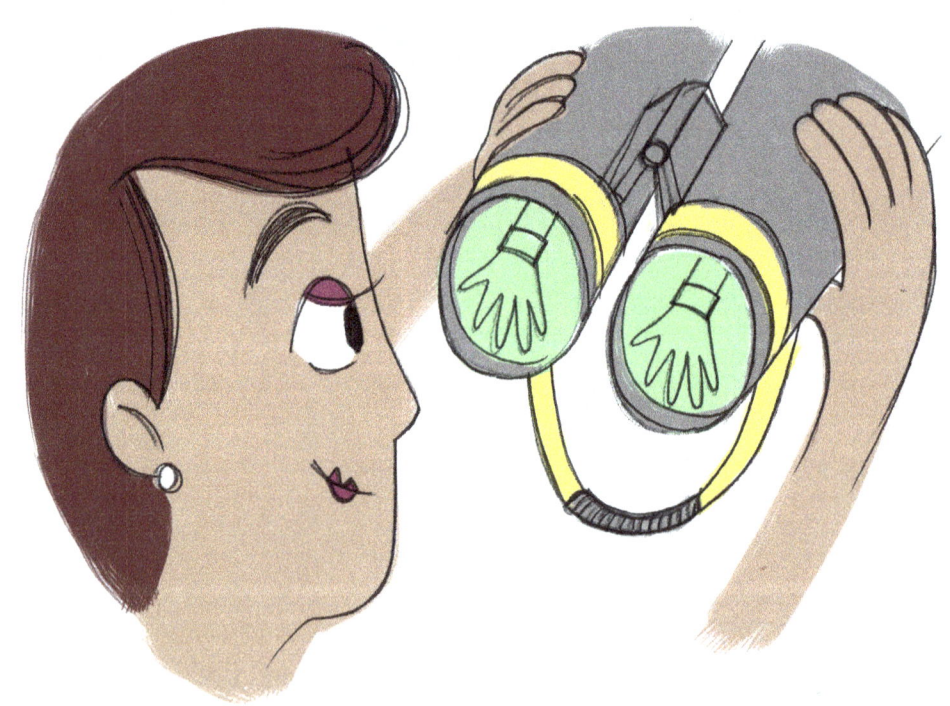

Le di a la radiógrafa tus binoculares porque los necesitaba para buscar al próximo paciente.

Le di al ayudante de laboratorio tu frasco atrapa bichos, porque lo necesitaba para guardar sus tubos de ensayo.

Le di a la nutricionista tus barritas energéticas de cereales, porque se le olvidó traerse el almuerzo.

Le di a la enfermera tus tiritas, porque se cortó el dedo.

Y le di a la señora de la limpieza tu repelente de bichos porque necesitaba un ambientador".

"Así que como ves", dice mamá, "Todos hemos usado tus aparatos. *Nos has ayudado a todos*".

"¡Guau!, ¡Eso es estupendo!"

"¡Y también ayudaste a mamá!"

"¿De veras? ¿cómo?"

"Pues ¡dándome muchos abrazos de superhéroe que tienen el poder de hacerme SENTIR BIEEEEEEN!"

"¿Mis abrazos tienen poderes? ¿de verdad?"

"Pues claro que sí", me dice mamá, "¡El *poder superheroico* de hacerme sentir bien!

Y es que el amor es la mejor medicina!"

Pautas para usar con el módulo principal (Pre-K- Grado 4*). *por su contenido

Pensamiento crítico (preguntas para discusión)

¿De qué crees que va este libro? Mira el título y comenta.

¿Qué es lo que sabes sobre visitas a personas enfermas hospitalizadas?

¿Qué es lo que sabes sobre los superhéroes?

Preguntas contextuales

¿Qué hace un nutricionista? Se aseguran de que los pacientes coman los alimentos adecuados para ponerse bien.

¿Qué hace un radiógrafo? Hace radiografías para ayudar al doctor a determinar las causas del problema.

¿Qué hacen los enfermeros? Los enfermeros hacen muchas cosas, por ejemplo: comprueban la tensión, el pulso y la temperatura de los pacientes. Asimismo ayudan al paciente a ducharse, vestirse, le cambian los vendajes y las sábanas de la cama, según sea necesario.

Conocimientos prácticos para la vida: resolución de problemas, persistencia y empatía

¿Qué problema intenta resolver Super Jonny? Su mamá está enferma. Él intenta ayudar.

¿Qué hace Super Jonny para intentar resolver el problema? Piensa que su mamá está infectada con algún microbio. Así que se lleva sus aparatos al hospital, porque sabe que pueden ser utilizados para buscar y encontrar (pág. 8), observar (pág.10), capturar (pág. 12), alimentar (pág. 14), proteger (pág. 16), y repeler bichos (pág.18).

Super Jonny ofrece su ayuda y sugerencias continuamente pero nadie le hace caso. ¿Qué es lo que aprende?

Perseverancia – Hay que seguir intentándolo hasta dar con la solución. (Puede haber más de una solución).

¿Qué es lo que motiva a Jonny? Johny quiere mucho a su mamá y siente empatía por ella.

Pensando en ayudar a otros

¿Cómo crees que se siente una persona hospitalizada? ¿Cómo podrías ayudar?

- **Frustrada y/o con dolor**
  - Puedes ofrecerte a ayudarla en pequeñas cosas, por ejemplo poner las flores en agua, o ayudarla a ponerse las zapatillas.
- **Aburrida**
  - Puedes ofrecerte a comprarle una revista o un periódico.
  - O buscar una silla de ruedas y llevarla de paseo.
  - Visítala con frecuencia (a veces los enfermos pasan mucho tiempo en el hospital).
- **Preocupada sobre su casa**
  - Puedes ofrecerte a dar de comer a su gato o perro (si tiene alguno).
  - Puedes ofrecerte a recoger las cartas de su buzón.

Procesamiento de información (tanto **oral**, como **escrita** y **visual**).

Lee o busca libros sobre hospitales.

¿De dónde sacó la autora la idea para escribir este libro? Se basa en una historia real (mira la biografía de la escritora).

Vuelve a contar el cuento como si lo contara otro de los personajes del libro.

Explica el mensaje del cuento.

Comparte información con la clase.

Preparativos para ingresar al hospital

Cinco sugerencias para las madres con enfermedades crónicas.

Si sabe que existe la posibilidad de que la tengan que ingresar, aquí tiene algunas ideas que la ayudarán. No se preocupe si no le da tiempo a hacerlo todo porque puede pasarle la lista a otro adulto que le eche una mano.

Considere…

1. Meter un par de paquetes de las galletas favoritas de sus hijos en la bolsa que va a llevarse al hospital. Los niños siempre tienen hambre y se pondrán muy contentos cuando vean que no se ha olvidado de ellos.
2. Llévese un par de libros infantiles fáciles de leer. (No se preocupe si usted no se siente con ganas o fuerzas para leerlos; si los niños pueden leer, déjeles que se los lean ellos a usted). Incluso pueden acurrucarse a su lado en la cama, PERO debe asegurarse de que se coloquen en el lado opuesto al portasuero. (Su enfermera podrá ayudarlos).
3. En casi todos los hospitales hay máquinas expendedoras. Llévese algunas monedas y deje que sus hijos elijan algo. Es divertido y pueden practicar matemáticas, por ejemplo contando monedas.
4. Descargue una película nueva en su dispositivo electrónico, y deje que sus hijos la vean solamente cuando vayan a visitarla. Alternativamente, puede llevarse un DVD al hospital ya que a menudo hay un reproductor de DVD en la sala.
5. Llévese algunos juguetes. Pueden venirle muy bien por ejemplo, un paquete de cartas, juegos de viaje o un libro para colorear. A menudo hay otros niños en el hospital a los que les apetece hacer algo.

…Si quiere recibir más sugerencias, apúntese a mi circular en
www.sickmom.org

Otros títulos de la misma autora

U.S English version
with links to the common core.
Recommended by teachers and doctors
Paperback   ISBN 978-0-9941127-0-5
2nd edition   ISBN 978-0-9941297-8-9
eBook   ISBN 978-0-9941297-0-3
Kindle   ISBN 978-0-9941127-7-4

U.K English version
with links to the early childhood curriculum
Recommended by teachers and doctors
Paperback   ISBN 978-0-9941127-2-9
2nd edition   ISBN 978-0-9941297-9-6
eBook   ISBN 978-0-9941297-1-0
Kindle   ISBN 978-0-9941127-1-2

Simone Colwill

Simone se educó para ser radioterapeuta en el hospital de Auckland. Está casada con Nick, y vive con su familia en Auckland, Nueva Zelanda. Simone sufre de la enfermedad de Crohn.
Este es su primer libro infantil y está basado en una historia real.

Jasmine Ting

Jasmine es ilustradora y diseñadora gráfica. Esta es la primera vez que ilustra un libro infantil. Puedes ver el trabajo que hace Jasmine en www.Behance.net así como en varias plataformas sociales.